el dormitorio
the bedroom
la chambre à coucher

Director — Editor — Directeur
Marta Ribalta

Corresponsal Madrid
Madrid correspondent
Correspondant à Madrid
Belen Feduchi

Corresponsal Italia
Italian Correspondent
Correspondant en Italie
Mario Raznovich

Diseño gráfico
Layout
Conception graphique
Estudio Zimmermann

Publicidad:
Editorial Blume.
Tuset 17 — Tel 2283252 — Barcelona-6

Primera edición 1975

First published 1975

Première édition 1975

ISBN 84—7031—437—8

EDITORIAL BLUME
Tuset 17 - Barcelona-6

sumario

Un dormitorio que se balanceaba
en una tela de araña, se encontraba
tan solitario, que se fue a buscar
a otro dormitorio; dos dormitorios
que se balanceaban en una tela de
araña, se encontraban tan solitarios,
que se fueron a buscar a otro
dormitorio; tres...
Pere Riera, arquitecto

1. Habitaciones, para dormir, grandes
2. Habitaciones para dormir
3. Habitaciones, para dormir, pequeñas
4. Habitaciones para dormir
   y otras cosas

summary

Once there was a bedroom who felt
so lonely he went to find another
bedroom to keep him company and
then there were two bedrooms. Once
there were two bedrooms who felt so
lonely they went to find another
bedroom to keep them company, and
then there were three bedrooms.
Once there were three bedrooms...
Pere Riera, architect

1. Big bedrooms
2. Bedrooms
3. Small bedrooms
4. Multi-purpose bedrooms

sommaire

Une chambre à coucher se
balançait sur une toile d'araignée,
elle trouvait ça si amusant qu'elle
alla chercher une autre chambre à
coucher; deux chambres à coucher se
balançaient sur une toile d'araignée,
elles trouvaient ça si amusant
qu'elles allèrent chercher une autre
chambre à coucher; trois....
Pere Riera, architecte

1. Grandes chambres à coucher.
2. Chambres à coucher normales.
3. Petites chambres à coucher.
4. Chambres à coucher et autres
   usages.

el dormitorio

the bedroom

la chambre à coucher

Un dormitorio que se balanceaba en una tela de una araña,
se encontraba tan solitario, que se fue a buscar a otro dormitorio.
Dos dormitorios que se balanceaban en una tela de una araña,
se encontraban tan solitarios, que se fueron a buscar a otro dormitorio.
Tres...

El magnífico Dr. Encausse, mundialmente famoso entre los profesionales de la magia con el extraño nombre de Papus, dice en su libro *Traité élémentaire de Science occulte* lo siguiente: "El libro que se me ha dado para estudiar está colocado sobre la chimenea a dos metros cuarenta y nueve centímetros de la mesa ante la cual me hallo; pesa quinientos cuarenta y cinco gramos ocho decígramos y está constituido por trescientas cuarenta y dos hojitas de papel sobre las cuales existen doscientos dieciocho mil ciento ochenta caracteres de imprenta, que han necesitado ciento noventa gramos de tinta negra". ¿Qué diríais de un hombre que os describiera un libro así?.

Esta descripción, que parece tan chocante y risible, no es, a pesar de todo, nada infrecuente; los estudios económicos previos a una edición no podrían prescindir de tan materialista manera de considerar el objeto libro; sin saber la extensión, la cantidad de papel y los detalles relativos a la impresión y encuadernación, no sería factible calcular el coste, el precio y la posibilidad de publicar la obra.

Sin embargo, hay otros puntos de vista o consideraciones que merece la pena adjuntar o contraponer. En *La Risa* dice Bergson que "la vida nos exige que aprendamos las cosas en la relación que éstas tienen con nuestras necesidades... Vivir es aceptar de los objetos nada más que la impresión útil para responder a ella por reacciones apropiadas: las demás impresiones deben permanecer oscuras o no llegar a nosotros más que de un modo muy confuso. Yo miro y creo ver; escucho y creo oír; me estudio y creo leer en el fondo de mi corazón. Pero lo que yo veo y oigo del mundo exterior no es sencillamente nada más que lo que mis sentidos extraen para ilustrar mi conducta; aquello que yo conozco de mí mismo no es más que lo que sube a mi superficie, lo que ha de tomar parte en mis acciones. Mis sentidos y mi consciencia no me dan de la realidad más que una simplificación práctica".

Si el desapego de la vida fuera completo, si el alma no se adhiriese por la acción a ninguna de sus percepciones, esta alma sería la de un artista que todavía no ha visto el mundo. Sobresaldría en todas las artes a la vez, o más bien fundiría a todas en una. Tal alma apercibiría todas las cosas en su pureza original, tanto las formas, los colores y los sonidos del mundo material, como los más sutiles movimientos de la vida interior.

Alfred Jarry, en su *Faustroll*, preconiza la existencia de una nueva física a la que llama "Patafísica", que, según sus palabras, "será la ciencia de lo particular, aunque se diga que no hay ciencia más que de lo general". Tal ciencia se apoyaría en la intuición, en la irracionalización de la cosa en sí y en el amor. Porque sólo el interés, la atención y el eros desencadenado pueden encontrar el camino de ese saber de cada objeto, en una posición espiritual tal, que el conocimiento de lo general no sólo no sea necesario, sino perjudicial. En efecto, el que ama, desea en lo amado todo cuanto se le aparece como peculiar, distintivo, único y por lo tanto irreemplazable y maravilloso.

Paul Eluard denomina "física de la Poesía" a la ciencia de los objetos intuidos por las cualidades secretas que poseen. Resulta claro que la vía para ahondar en esa cantera es irritar, incrementar y estudiar las "impresiones oscuras" hasta el momento en que la "simplificación práctica" desaparece, sustituida por la aparición pura y esperada. Entonces cada objeto se transforma en un libro donde se puede leer un mensaje originalmente cifrado; esto coincide en la alusión de Papus, que se refería a la diferencia entre el modo de considerar los cuerpos celestes de la astronomía (puramente física) y la astrología (poética y espiritual), y también con la opinión de Paracelso, para el cual todas las cosas son jeroglíficos como los constituidos por las líneas de la palma de la mano, y esperan la ciencia del que sepa descifrarlos. Todo este preámbulo ha sido necesario para introducir y provocar en el posible lector una disposición de ánimo conflictiva, especialmente necesaria para el profesional del diseño, para el cual las consideraciones posibles acerca de un dormitorio difícilmente traspasarán los umbrales marcados por las palabras del Dr. Encausse, aunque aquél no las formule con tanta crudeza y descarnamiento como este último.

La moderna arquitectura de interiores, imbuida de la noción de "estándar" (económico, cultural, de confort y de estilo-imagen) y prisionera de su propia concepción de "profesionalismo", raramente adopta posiciones "patafísicas", es decir, más particulares, más cariñosas frente al espacio-objeto que debe tratar. El proyecto ambiental, entendiendo el ambiente sobre todo en su vertiente de utilidad vital, que debería constituir el núcleo del interiorismo e incluso su razón de ser, se reduce al ambiente "estándar" definido anteriormente. Un cuerpo viviente, y un espacio, un dormitorio lo es, no es un objeto estático sino más bien un acontecimiento en curso, como una llama o un remolino: tan sólo la forma es estable, la apariencia instantánea, ya que la sustancia está constituida por la corriente de energía que penetra por un lado y sale por el otro. Somos como ondas, identificables temporalmente, en medio de la corriente de energía que nos penetra en forma de luz, calor, aire, agua, leche, pan, fruta, cerveza, caviar o paté de foie gras, y sale en forma de excrementos y gases, y también en forma de semen, bebés, conversación, política, comercio, guerra, poesía o música. Y Filosofía. Y Arquitectura. Hoy en día, en la sociedad tecnológica, lo racional y lo humano se han unido tan intensamente, que difícilmente se pueden deslindar. Y todo ello en perjuicio de lo natural, que a la vez que engloba lo irracional es constitutivo de lo humano de un modo primordial. Esta concepción que empezó a tomar cuerpo en el Renacimiento, nos ha llegado hasta nosotros con tal fuerza, que con extraordinaria facilidad enajena nuestra visión y

nos obliga a abrir profundos cauces-heridas en nuestra alma, por los que puedan discurrir, de una forma *underground* todo el cúmulo de energías naturales reprimidas y comprimidas por el sentido "funcionalista" de la vida y por la actitud "profesionalista", que constituye el núcleo de gestión de aquella concepción. En una palabra, el hombre-lobo subyace irremisiblemente en la conciencia del hombre-ciudadano.
El diseño, que por ser una actividad primordialmente de servicio (sujeción a un programa) debe moverse en un terreno racional-objetivo, entra actualmente en conflicto constante con la actitud "artística", que por su carácter primordialmente expresivo, puede desarrollarse cómodamente en el campo de lo irracional-subjetivo La aclaración y profundización de este conflicto constituye para algunos diseñadores, casi el único camino viable para intentar paliar la escisión que presupone, en la práctica profesional y en su formalización, la existencia tan irreductible de estos dos campos. Y esto es de tal manera vivido, con tanta intensidad, que en muchos casos ya resulta difícil deslindar un objeto "de diseño" de un objeto "de arte".
Es en el campo de los interiores, de las funciones vitales cotidianas, del uso del espacio-objeto próximo al entorno primario de las personas, donde este conflicto se ha desarrollado con mayor complejidad. Posiblemente, la superación de la necesidad, expresada como factor de supervivencia, en la configuración

del territorio de la vivienda de muchas capas sociales, especialmente de las necesidades de este diseño, permite que la especulación en la búsqueda de formas y de usos haya llegado más lejos; aunque justamente en esta liberación se puede encontrar asimismo su propia limitación, porque todo ello constituye el terreno de lo esencial, de lo hasta cierto punto superfluo y ambiguamente condicionado, dejando intactas las formas pertenecientes de algún modo a estructuras fundamentales. Esta situación, de por sí grave, produce muy a menudo, cansancio y desorientación y sitúan al artista-diseñador en una posición incómoda y existencialmente degradante, que por fuerza debe repercutir en los planteamientos y soluciones adoptadas por el mismo. Y aquí, aunque no es motivo de este artículo desarrollado, es donde cabría buscar, seguramente, el origen de tanta deserción cultural por agotamiento, de tanta sofisticación, de tanta radicalización purista, de tanta abstracción experimental. Subyace consciente o no, una actitud de marginación, o cuando menos de neurosis cultural, que obliga a ir descaradamente y a veces con excesiva linealidad más allá de las buenas soluciones concretas, en busca de una definición frente a problemas más generales que muy a menudo desbordan los propios límites del encargo y dejan traslucir claramente la proyección personal y cultural del diseñador. Sin embargo, una cosa está clara; el error no es tan importante y la coherencia todavía menos.

Los ejemplos expuestos en este libro dejan entrever, con mayor o menor claridad, lo anteriormente expuesto. A modo de resumen intentaré en ensayo de dos lecturas de interiores, que considero ejemplares.

1. Las revistas del hogar casi cada semana nos dan una bella fotografía en colores de un plato preparado y a punto. En esta cocina la categoría sustancial que domina es el recubrimiento, el "envoltorio": uno se apura visiblemente para pulir las superficies, para redondearlas y esconder el alimento base bajo el sedimento liso de las salsas, de las cremas y de los helados. Esto se ajusta perfectamente a la finalidad misma del recubrimiento, que es de orden visual, y la cocina

de este tipo de revistas es puramente una cocina de la vista que es por otra parte un sentido distinguido. En todo esto hay efectivamente una exigencia de distinción. Son revistas mitológicas y su papel es el de presentar al inmenso público popular el ensueño del chic; de aquí esta cocina del recubrimiento, que se esfuerza siempre en atenuar o incluso cambiar la naturaleza primera de los alimentos, la brutalidad de las carnes o la agresividad formal de los crustáceos. El plato popular y tradicional sólo está admitido a título excepcional como la fantasía de los ciudadanos que están de vuelta de todo. Pero sobre todo, el recubrimiento prepara y soporta uno de los

desarrollos mayores de la cocina distinguida; la ornamentación, que procediendo de dos vías contradictorias tiene también su resolución dialéctica: por una parte escamotear la naturaleza gracias a una especie de barroco delirante y por otra parte intentar su reconstrucción y reelaboración por un artificio ridículo. He aquí, como en todo arte pequeño-burgés (y los interiores de este tipo de revistas responden al mismo criterio), cómo la irreprimible tendencia al realismo está contrariada por uno de los imperativos constantes del periodismo (léase asimismo interiorismo) doméstico: tener ideas puesto que la cocina y los interiores de las revistas del hogar son de "ideas".

La invención, confinada a una realidad periférica, trata sólo de la guarnición, sin abordar los problemas reales de la alimentación o del espacio. De esta manera cocinar o decorar se convierte en una acción de ensueño, mítica y mágica, en la que el público de hecho sólo tiene el derecho a la fábula.

2. El entorno tradicional. La configuración del mobiliario, es una imagen fiel de las estructuras familiares y sociales de una época. El interior burgués prototípico es de orden patriarcal: está constituido por el conjunto comedor-dormitorio. Los muebles, diversos en cuanto a su función, pero ampliamente integrados,

gravitan en torno al aparador del comedor o la cama colocada en el medio. Hay tendencia a la acumulación y a la ocupación del espacio, a su cierre. En funcionalidad, inamovilidad, presencia imponente y etiqueta jerárquica. Cada habitación tiene un destino estricto. Los muebles se miran, se molestan, se aplican, en una unidad que no es tanto especial como de orden moral. Se ordenan alrededor de un eje que asegura la cronología regular de las conductas: la presencia perpetuamente simbolizada de la familia ante sí misma. Todo esto compone un organismo cuya estructura es la relación patriarcal de transición y de autoridad, y cuyo corazón es la relación efectiva compleja que liga a todos

sus miembros. Este hogar es un espacio específico que no se preocupa mucho de un ordenamiento objetivo, pues los muebles y los objetos tienen como función, en primer lugar, personificar las relaciones humanas, poblar el espacio que comparten y poseer un alma. La dimensión real en la que viven está cautiva en la dimensión moral a la cual deben significar. Tienen tan poca autonomía en este espacio como los diversos miembros de la familia tienen en la sociedad. Además, seres y objetos están ligados y los objetos cobran en esta complicidad una densidad, un valor efectivo que se ha convenido en llamar su "presencia". Lo que constituye la profundidad de las casas de la infancia. La impresión que dejan en el recuerdo es evidentemente esta estructura compleja de interioridad, en la que los objetos pintan ante nuestros ojos los límites de una configuración simbólica llamada morada.

2b. El entorno "funcional". Al mismo tiempo que cambian las relaciones del individuo con la familia y con la sociedad, cambia el estilo de los objetos mobiliarios. Sofás cama, camas de rincón, mesas bajas, estanterías, son elementos que sustituyen al antiguo repertorio de muebles. La organización cambia también: la cama se convierte en sofá cama, el aparador y los roperos en alacenas ocultables. Las cosas se repliegan y se despliegan, desaparecen, entran en escena en el momento deseado. No cabe duda, que estas innovaciones no constituyen de ninguna manera una improvisación libre: las más de las veces, esta

91

mayor movilidad, conmutabilidad y oportunidad no es sino el resultado de una adaptación forzosa a la falta de espacio. Es la pobreza real, la que da lugar a la invención. Y si el antiguo comedor estaba cargado de una pesada convención moral, los interiores "modernos", por su ingenio, dejan la impresión a menudo, de ser expedientes funcionales. La "falta de estilo" es, en primer lugar, una falta de espacio, y la funcionalidad máxima una solución desdichada en la que la intimidad, sin perder su cierre, pierde su organización interior. La desestructuración sin reconversión del espacio y de la presencia de los objetos es, en primer lugar, un empobrecimiento. Así se presenta el conjunto moderno

de serie: desestructurado, pero no reestructurado, pues nada compensa el poder de expresión del antiguo orden simbólico. Sin embargo, hay progreso: entre el individuo y estos objetos más livianos en su uso, que no ejercen ni simbolizan el constreñimiento moral, media una relación más liberal: el individuo ya no es estrictamente relativo a la familia a través de ellos. Pero esto no es más que una liberación parcial.

Esta mesa neutra, ligera, escamoteable, esta cama sin patas, sin armazón, sin dosel, es una suerte de grado cero de la cama; todos estos objetos de líneas "puras" que ni siquiera tienen un aire de que lo son, reducidos a su más simple instrumental y

definitivamente secularizados por así decirlo: lo que está liberado de ellos y que, al librarse ha liberado algo en el hombre, en su función. Esta ya no queda disfrazada por la teatralidad moral de los viejos muebles, se ha separado del rito y de la etiqueta de toda una ideología que hacían del ambiente el espejo opaco de una estructura humana reificada. Hoy en día, los objetos dejan traslucir claramente qué es aquello para lo cual sirven. Así pues, son libres como objetos de función, es decir, que tienen la libertad de funcionar y prácticamente no tienen más que ésta. Con los rayos de luz que puedan introducirse a través de las gruesas cortinas que son las palabras de este artículo, debería iluminarse un camino de trabajo para el diseñador, en el que el replanteamiento y reestructuración de las funciones simbólicas y rituales fuera una tarea primordial, aunque estas funciones simbólicas no operen más que en el dominio personal e individual. Seguramente es ahora cuando las palabras de Jarry cobran su mayor relevancia: " ...porque sólo el interés, la atención y el eros desencadenado pueden encontrar el camino de ese saber de cada objeto...". Es decir, necesitamos un diseño más CARIÑOSO.

Pere Riera, arquitecto

Bibliografía:
El mundo del objeto — Juan Eduardo Cirlot
El gran mandala — Alan Watts
Mythologies — Roland Barthes
El sistema de los objetos — Jean Baudrillard

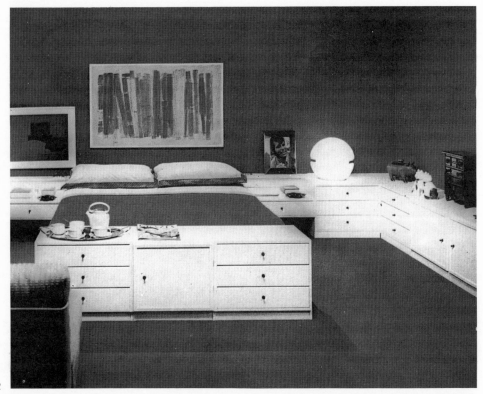

Once there was a bedroom who felt so lonely
he went to find another bedroom to keep him company, and then there were two bedrooms.
Once there where two bedrooms who felt so lonely
they went to find another bedroom to keep them company, and then were three bedrooms.
Once there were three bedrooms...

The great Dr. Encausse, world famous magician with the strange name of Papoose, writes the following in his book, *Basic Tract on the Science of the Occult:* "The book which has been given me to study is over the fireplace, two meters and forty-nine centimeters from the table I am standing in front of. It weighs five hundred and forty-five grams and eight decigrams. It is composed of three hundred and forty-two leaves of paper upon which there are two hundred and eighteen thousand, one hundred and eighty printed characters, requiring a hundred and ninety grams of black ink." What would you think of a man who described a book in those terms?

Yet this seemingly foolish and silly description is perfectly normal in preparing a book for printing. It would be impossible to calculate the cost of printing without determining size and shape, number of pages, illustrations, photographs, etc.

This anecdote illustrates an important aspect of our thinking process and our perceptions.

In *Laughter* Bergson says that "life demands that we learn things in relation to our own needs... To live is to accept only those impressions objects give us that stimulate us to respond in the right way. Other impressions remain obscure or only reach us in a confused, meaningless way. I look and I think I see. I listen and I think I hear. I study myself and I think I am reading my innermost heart. But what I really see and hear of the world around me is no more than what my senses provide me

as a guide for my conduct. What I know about myself is only that which rises to the surface, that which has to do with my actions. My senses and my consciousness only give me a practical simplification of reality."

If a person could completely cut himself off from life around him, if his soul were not dependent on his actions, that person would be an artist the world has yet to see. He would stand out in every field of art, actually bring all art into one. That soul could perceive all things in their pure, original state —colors, chapes, sounds, and the subtle movements of the inner life.

Alfred Jarry in *Faustroll* asserts the existence of a new physics which he calls "pathaphysics". "It will be the science of particulars, even though they say that all science deals in generalities." This science relies on intuition, on the irrationality of things in themselves and on love. This is because only interest, affection and eros unchained can find the way to the knowledge of each object in a spiritual position in which a general knowledge is not only unnecessary but even detrimental. The one who loves esteems whatever is peculiar, distinctive and unique in the object of his love, that which is irreplaceable and marvelous. Paul Eluard calls the science of objects intuited by the secret qualities they possess the "physics of Poetry". Clearly the way to descend into the depths is to search for, enlarge on and study the "obscure impressions" until

the "practical simplification" disappears and the pure object comes to the surface. From that moment every object becomes a whole book waiting to be read and understood. This is similar to Papoose's distinction between astronomy (purely phisical) and astrology (poetic and spiritual) as ways of contemplating the heavenly bodies. In the opinion of Paracelsus all objects are hieroglyphics waiting to be read, like the palm of the hand, by whoever knows how to decipher them. All this will serve us as an introduction to the particular problems of the interior designer Modern day architectural design is so bound to economic, cultural and stylistic professional "standards" that it can rarely if ever be "pathaphysical". It is seldom concerned with particulars; it shows no sensitivity to the space or object it is supposed to be dealing with. The development of the utility of an object in real life, which should be the most important aspect of design —its very reason for being— is most often subjected to the previously defined "standard".

A bedroom is more like a living body than a mere static space or object. It is something that is happening, like a flame or a whirlwind. Only the form is static, and even that only temporarily. The substance is a current of energy entering at one point and leaving at another. We ourselves are like waves temporarily identifiable in the midst of a current of energy which enters us in the form of light, heat, air, water,

93

1

1

2

2b

milk, bread, beer and caviar and leaves as wastes, gases, semen, babies, conversation, politics, business, war, poetry, music, philosophy... and design.

In today's technological society what is rational and what is human have become so closely identified that it has become very difficult to distinguish between the two. This goes against nature which includes the irrational and is the basic substance of humanity. This concept of rationality is our heritage since it began to take shape in the Renaissance. It has such strength in our modern society that it practically dominates our vision. We have to drive deep within ourselves, wounding our own souls as it were, to open an "underground" channel for our energies. These energies have long been repressed and stifled by functionalism and professionalism which lie at the heart of the technological concept of life. The wolf-man lies nearly forgotten in the heart of the citizen-man.

Design is primarily a social service and as such must adapt itself to the rational-objective concepts of society. Art, on the other hand, is primarily expressive and is quite at home in the irrational-subjective frame. This quite logically gives rise to a constant state of tension. For some designers the only way to resolve this tension between such widely separated camps is to bring the conflict into clear view and to press it to greater limits. This is done with such intensity that in some cases it becomes nearly impossible to distinguish between objects of design and art objects.

The problem has achieved its greatest complexity in the area of interior design, where spaces and objects are so closely linked with the daily lives of persons. Perhaps this is because there is no longer any possiblity of responding to real needs.

As a result, artist and designers are often tired and disoriented and find themselves in an uncomfortable and existentially degrading position, which naturally reflects itself in their work. At this point we could begin to investigate the reason for so much cultural desertion, sophistication, radical purism and experimental abstraction. Consciously or unconsciously there is a feeling of marginization or at least of cultural neurosis. The designer feels pressured to go beyond simply good design in an attempt to solve problems that are more general in nature than can be solved with the design of a particular piece of furniture. We should not blame the designer too much for this, however. The examples in this issue should serve to illustrate our point. Consider the following two examples.

1. Week after week homemaking magazines show us beautiful color photos of plates of food prepared and ready for the eating. In these samples the most important aspect is always the "blanket". The real meal is smoothed over, covered or smothered with sauces, creams and gravies. In fact the real purpose of the "blanket" is to produce a visual image; the appeal is made to the eyes, not to the palate. These magazines are more mythological than real. Their task is to present to

the vast public a certain image. "Blanket" cooking attempts to tone down or change the outward appearance of food, soften the rough corners of a pork chop or dull the sharp edges of sea foods. The traditional and typical plate is the exception to the rule. These home magazines are typical of the whole realm of petit-bourgeois art. It is a matter of ideas, every issue must offer some new idea. The idea, however, goes no deeper than the "blanket". Every week offers a new way to cover potatoes, meat, rice, etc. without these items ever being altered. There is no interest in the real problems of nutrition —or, in the case of design, with the problems of space. So cooking and decorating have been relevated to a world of dreams, myths and magic in which the public has access only to fables.

2. Traditional environment. The way furniture is arranged reflects the social and family patterns of an age. The interior of a typical bourgeois family home has a patriarchal order; the most important furniture is in the dining room and bedroom. The different pieces with their different functions all follow the pattern of the dining room buffet or of the big double bed. The tendency is to accumulate and to occupy space. Everything is functional, stationary, imposing and hierarchical. Each room has a particular use and the furniture is introduced more in a moral order than a spacial one. It is a reflection of the family itself. The reflection is one of an organization based on the patriarchal

values of tradition and authority the heart of which is a complex network of relationships between the various members. The home is a place where objective ornamentation has little or no place. Furniture first of all must personify human relationships, share space with them and possess a "soul". It is limited in its real functions by what it is supposed to symbolize morally. It has as little autonomy in the space it occupies as the members of the family in society. What is more, people and objects become identified in an almost mystical association, reminding us of our feelings about the house where we lived as a child. The images in our memory confirm this idea of structural complexity of the interior. The objects in our mind's eye determine what for us is home.

2b. "Functional" environment. Just as the relationships between the individual and his family and society change, so furniture styles change. Sofa-beds, corner beds, coffee tables and book shelves take the place of older types of furniture. Its organization changes as well. Beds are replaced by sofa-beds, buffets and wardrobes by wall closets. Things can be folded and unfolded, hidden or brought out in a moment. These innovations are by no means a free improvisation. They are necessary adaptations to acutely limited space. Necessity is the mother of invention, and if the old dining room set was laden with moral overtones, "modern" interiors often give the impression of being purely functional entities. Lack

of "style" is due first of all to lack of space. The result of forced functionalism is the loss of interior organization. The old structure of furniture has disappeared but no new structure has taken its place. In some sense this is a loss, yet in another sense it is gain because it represents a freer relationship between the individual and the family, though it is still only a partial freedom.
Take, for example, a light, collapsable table —no legs, no frame. It is one of many objects of "pure" lines, without pretensions, simply an instrument, utterly secularized. They are now free to function and that is their freedom: freedom from the moral theatrics of the old furniture. Today's furniture looks like what it does. It is free to do what it is made to do and nothing else. Hopefully this article will have shed a few rays of light on the situation. It is time to rethink and reorganize the symbolic functions of design even if this is limited to a personal and individual level. At this point Jarry's words are very fitting: "...because only interest, affection and eros unchained can find the way to the knowledge of each object..." That is to say, we need a design with greater SENSITIVITY.

Pere Riera, architect

Bibliography:
El mundo del objeto
— Juan Eduardo Cirlot
Does it matter — Alan Watts
Mythologie — Roland Barthes
Le système des objets
— Jean Baudrillard

Une chambre à coucher se balançait sur une toile d'araignée,
elle trouvait ça si amusant qu'elle alla chercher une autre chambre à coucher.
Deux chambres à coucher se balançaient sur une toile d'araignée,
elles trouvaient ça si amusant qu'elles allèrent chercher une autre chambre à coucher.
Trois…

Le Dr. Encausse, mondialement connu dans les milieux de la magie sous le nom de Papus, dit dans son livre *Traité élémentaire de Science occulte*: "Le livre que l'on m'a donné à étudier est placé sur la cheminée à deux mètres quarante neuf de la table devant laquelle je me trouve; il pèse cinq cent quarante cinq grammes huit décigrammes et est composé de trois cent quarante deux petites feuilles de papier sur lesquelles il y a deux cent dix huit mille cent quatre vingt caractères d'imprimerie qui ont eu besoin de quatre vingt dix grammes d'encre noire" Que diriez vous d'un homme qui décrit un livre de cette façon?

Cette description qui semble choquante et risible n'est cependant pas du tout anormale; les études qui précèdent l'édition d'un livre ne pourraient pas faire abstraction de ces détails qui nous semblent si matériels; l'extension, la quantité de papier, les détails de l'impression et de la reliure; sans tous ces éléments, il serait impossible de calculer le prix de revient, le prix de vente, et les possibilités de publication de l'oeuvre.

Il est cependant nécessaire d'ajouter ou d'opposer d'autres points de vue et considérations. Dans *Le rire* Bergson dit: "La vie exige que nous apprenions les choses dans leurs relations avec nos nécessités…

Vivre c'est n'accepter des objets que l'impression utile pour y répondre par des réactions appropriées: les autres impressions doivent rester dans l'obscurité ou nous parvenir d'une façon confuse. Je regarde, et je crois lire au fond de mon coeur. Mais ce que je vois et ce que j'entends du monde extérieur n'est autre que ce que mes sens en extraient pour illustrer ma conduite; ce que je sais de moi-même c'est simplement ce qui remonte à ma surface, ce qui doit prendre part à mes actions. Mes sens et ma conscience ne me donnent de la réalité qu'une simplification pratique."

Si le détachement envers la vie était total, si l'âme n'adhérait pas par l'action à aucune de ses perceptions, cette âme serait celle d'un artiste qui n'a pas encore vu le monde. Cette âme excellerait dans tous les arts, ou plutôt les fondrait tous en un. Cette âme percevrait toutes les choses dans leur pureté originelle aussi bien les formes que les couleurs et les sons du monde matériel, mais aussi les mouvements les plus subtils de la vie intérieure.

Alfred Jarry dans son *Faustroll* vante les mérites d'une nouvelle physique qu'il appelle la "Pataphysique" qui selon ses mots "sera la science du particulier bien que l'on dise qu'il n'y a d'autre science que celle du général." Une telle science reposerait sur l'intuition, sur l'irrationalité des choses et sur l'amour. Car, seuls, l'intérêt, l'attention et l'éros déchaîné peuvent trouver le chemin de ce savoir de chaque objet, dans une situation spirituelle telle, que la connaissance de ce qui est général n'est pas néccéssaire, mais au contraire néfaste. En éffet, celui qui aime, désire dans l'objet aimé tout ce qui lui apparaît comme particulier, différent, unique et donc irremplaçable et merveilleux. Paul Eluard appelle "physique de la poésie" la science des objets perçus par les qualités secrètes qu'ils possèdent. Il devient clair que le chemin à suivre pour creuser cette carrière, c'est d'irriter, d'augmenter et d'étudier "les impresions obscures" jusqu'au moment où la "simplification pratique" disparaît, substituée par l'apparition pure et simple. C'est alors que chaque objet devient un livre où on peut lire un message qui à l'origine était chiffré; ceci correspond à l'allusion de Papus, qui se référait á la différence dans la façon de considérer les corps célestes de l'astronomie (purement physique) et l'astrologie (poétique et spirituelle); c'est également l'opinion de Paracelso pour qui toutes les choses sont des hieroglyphes comme ceux des lignes de la main; elles attendent la science de celui qui saura les déchiffrer.

Tout ce préambule était necessaire pour introduire et provoquer chez un éventuel lecteur un état d'esprit de conflit, indispensable chez le professionnel du "design", pour qui les considérations possibles au sujet d'une chambre à coucher dépassent difficilement le cadre marqué par les mots du Dr. Encausse, bien que le "designer" ne les formule pas aussi cruement. L'architecture moderne des intérieurs, imbuée de la notion de "standard" (notion économique, culturelle, de confort et de style image) et prisonnière de sa prope conception de "professionalisme" adopte rarement des positions "pataphysiques", c'est à dire, plus particulières, plus affectueuses, face à l'espace objet qu'elle doit traiter. Le projet de décoration intérieure, comprenons décoration intérieure surtout sous son aspect d'utilité vitale, qui devrait constituer le noyau de l'intériorisme, se trouve réduit à la décoration ''standard'' que nous avons défini avant.

Un corps vivant, et un space, une chambre à coucher l'est; ce n'est pas un objet statique, mais un évènement en cours, comme une flamme ou un tourbillon; sa forme seule est stable, l'apparence instantanée, vu que la substance est formée par le courant d'énergie qui entre par un coté et sort de l'autre. Nous sommes comme des ondes, identificables temporairement, au milieu du courant d'énergie qui nous pénètre sous forme de lumière, chaleur, eau, lait, pain, fruits, bière, caviar, ou paté de foie et sort sous forme de gas, excréments, sperme, bébés, conversation, politique, commerce, guerre, poésie ou musique, philosophie ou architecture.

Actuellement dans la société de tecnologie, ce qui est rationnel et humain se sont unis intimement et sont difficiles à délimiter.

Tout ceci au préjudice de ce qui est naturel, et qui englobant à la fois l'irrationnel constitue d'une façon primordiale ce qui est humain.

Ayant pris corps pendant la Renaissance, cette conception est arrivée jusqu'à nous avec une telle force, qu'elle trouble facilement notre vision et nous oblige à ouvrir dans notre âme des sillons, blessures par où pourront passer d'une manière ''underground'' toute l'acumulation des énergies naturelles réprimées et comprimées par le sens ''fonctionnaliste'' qui constitue le noyau de gestion de cette

conception. En résumé, l'homme-loup est irrémédiablement sous-jacent chez l'homme-citoyen.

Le dessin de décoration, étant en premier lieu une activité d'utilité (liée à un programme) doit évoluer sur un terrain rationnel-objectif, mais il entre en ce moment en conflit constant avec l'attitude ''artistique'' qui par son caractère principalement expressif peut s'ébattre dans le domaine de l'''irrationnel-subjectif''. L'éclaircissement et l'approfondissement de ce conflit constitue presque pour certains dessinateurs l'unique chemin viable pour essayer de palier la scission que suppose dans la pratique professionnelle et dans sa formalisation, l'existence aussi irréductible de ces deux champs. Le problème est vécu avec une telle intensité, qu'il est dans de nombreux cas très difficile déjà de faire la différence entre un objet de ''décoration'' et un objet ''d'art''.

C'est dans le domaine des intérieurs, des fonctions vitales quotidiennes, de l'usage espace-objet proche du milieu primaire des personnes que ce conflit s'est présenté avec le plus de complexité. Il est possible que le dépassement de la nécessité exprimé comme facteur de survivance dans la configuration du territoire de l'habitat chez de nombreuses couches sociales, spécialement chez celles qui ont besoin de ce dessin, permette que la spéculation dans la recherche des formes et usages ait été plus loin; mais justement cette libération peut rencontrer sa propre limite, car tout ceci constitue le domaine de l'inessentiel, de ce qui est jusqu'à un certain point superflu

et ambigument conditionné, laissant intactes les formes qui appartiennent d'une façon ou d'une autre aux structures fondamentales.

Cette situation grave en soi, est souvent à l'origine de fatigue et de désorientation et place l'artiste dessinateur dans une situation inconfortable existentiellement dégradante, qui doit obligatoirement se répercuter sur ses projets et sur les solutions qu'il adopte. Bien que ce ne soit pas le propos de cet article, c'est ici qu'il faudrait surement chercher l'origine de tant de desertion culturelle par épuisement, de tant de sophistication, de tant de radicalisation puriste, de tant d'abstraction experimentale. Consciemment ou non, une attitude de margination est sous-jacente, ou tout au moins, une attitude de névrose culturelle, qui oblige à aller hardiment et quelquefois avec une excessive linéalité au delà des bonnes solutions concrètes, à la recherche d'une définition face à des problèmes généraux qui bien souvent débordent les limites de la commande et laissent transparaître clairement la projection personnelle et culturelle du dessinateur.

Cependant une chose est claire; l'erreur n'est pas si importante et la cohérence encore moins.

Les exemples mis dans ce livre laissent entrevoir plus ou moins clairement ce qui a été précédemment exposé. En guise de résumé j'essaierai de faire deux lectures d'intérieurs que je tiens comme exemplaires.

1. Les revues ayant trait aux choses de la maison nous donnent

1

1

2

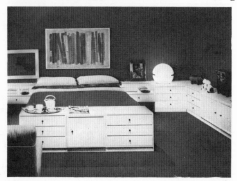

2b

presque chaque semaine une belle photo en couleur d'un plat cuisiné et juste à point. Dans ce genre de cuisine la catégorie substantielle qui domine, c'est l'extérieur, l'"enveloppe"; On s'efforce visiblement de lisser les surfaces, de les modeler pour cacher l'aliment de base sous une couche lisse de sauces, crémes ou glaces. Ceci cadre parfaitement avec la finalité du revêtement extérieur d'ordre visuel, et la cuisine proposée par ce genre de revue est purement une cuisine pour la vue, à l'aspect distingué. Il y a évidemment dans tout ceci une exigence de distinction. Ce sont des revues à mythes dont le rôle est de présenter au grand public le rêve du chic; d'où, cette cuisine du camouflage qui s'efforce toujours d'atténuer ou même de changer la nature première des aliments, la brutalité de la viande ou l'agressivité des formes des crustacés. Le plat populaire et traditionnel n'est admis qu'à titre exceptionnel comme fantaisie de gens blasés.

Mais surtout, ce revêtement prépare et supporte un des signes de la cuisine distinguée; l'ornementation, qui provient de deux voies contradictoires et a aussi une solution dialectique: d'une part escamoter la nature grâce à une sorte de baroque délirant, et d'autre part essayer sa reconstruction et sa réélaboration au moyen d'un artifice ridicule.

Voila donc comme dans tout art petit-bourgeois (les intérieurs de ce genre de revues répondent au même critère) comment l'irrepréssible tendance au réalisme est contrariée par les impératifs constants du journalisme (lire aussi intériorisme) domestique: avoir des idées vu que la cuisine et les intérieurs de ces revues sont des "idées". L'invention, confinée dans une réalité périphérique s'occupe seulement de la garniture sans aborder les problèmes réels de l'alimentation ou de l'espace. De cette façon, cuisiner ou décorer deviennent des actions de rêve, mythiques et magiques.

2. L'environnement traditionnel. La configuration du mobilier est une image fidèle des structures familiales et sociales d'une époque. L'intérieur bourgeois type est d'ordre patriarcal: il est constitué par l'ensemble salle à manger-chambre. Les meubles différents quant à leur fonction, mais largement intégrés, gravitent autour du buffet de la salle à manger, ou du lit placé au centre de la chambre. Il existe une tendance à l'accumulation et à l'occupation de l'espace, à sa fermeture. En fonctionalité, inamovibilité, présence et en hièrarchie, chaque pièce a une attibution stricte. Les meubles se regardent, se gênent, s'impliquent dans une unité qui n'est pas tant spéciale mais plutôt d'ordre moral. Ils s'ordonnent autour d'un axe qui assure la chronologie regulière des conduites: la présence de la famille perpétuellement symbolisée à ses propres yeux. Tout ceci constitue un organisme dont la structure est la relation patriarcale de tradition et d'autorité, et dont le coeur est la relation effective complexe qui unit tous ses membres. Ce foyer

est un espace spécifique qui ne se soucie pas beaucoup d'un ordre objectif, car en premier lieu les meubles et les objets ont pour fonction de personnifier les relations humaines, peupler l'espace qu'elles partagent et posséder une âme. La dimension réelle où les relations humaines s'effectuent est captive de la dimension morale. Elles ont aussi peu d'autonomie dans cet espace que n'en ont les différents membres de la famille dans la société. De plus, personnes et objets sont liés, les objets trouvent dans cette complicité une densité, une valeur éffective qu'il est convenu d'appeler leur "présence". Ce qui constitue la profondeur des maisons de l'enfance. L'impression qu'elles laissent à l'esprit, c'est évidemment cette structure complexe d'intériorité, oú les objets peignent à nos yeux les limites d'une configuration symbolique appelée logis.

2b. L'environnement "fonctionnel". En même temps que changent les relations de l'individu avec la famille et la société, le style des objets mobiliers varie aussi. Canapé-lits, lits d'angle, tables basses, étagères sont les élèments qui constituent l'ancien répertoire des meubles. L'organisation aussi change: le lit devient canapé-lit; le buffet et les armoires se convertissent en placards escamotables. Les choses se replient et se déplient disparaissent et entrent en scène au moment voulu. Il est certain que ces innovations ne constituent absolument pas une

improvisation libre: le plus souvent cette grande mobilité, opportunité de changement, ne sont que le résultat d'une adaptation forcée à l'absence d'espace. C'est la pauvreté réelle qui permet l'invention et si l'ancienne salle à manger était écrasée par le poids de la convention morale, les intérieurs "modernes" par leur habileté donnent l'impression d'être des simples formalités. "L'absence de style" est en premier lieu l'absence d'espace et la fonctionnalité à l'extrème est une solution malheureuse où l'intimité sans perdre sa solidité perd son organisation intérieure. La déstructuration sans reconversion de l'espace, et la présence des objets est en premier lieu un appauvrissement. C'est ainsi que se présente l'ensemble moderne des séries: déstructuré, mais non restructuré, car rien ne remplace le pouvoir d'expression de l'ancien ordre symbolique. Il y a cependant un progrés entre l'individu et ces objets d'usage peu fréquent, qui ne symbolisent ni n'exercent de contraintes morales, il intervient une relation plus libérale: l'individu n'est plus strictement relié à la famille à travers eux. Mais ceci n'est qu'une liberation partielle. Cette table neutre, légère, escamotable, ce lit sans pieds, sans ciel de lit sans tête est comme l'expression la plus simple du lit. Tous ces objets aux lignes "pures" qui n'ont même pas l'air de ce qu'ils sont, réduits à leur plus simple expression instrumentale et définitivement pour ainsi dire

sécularisés: ce qui se trouve libéré en eux, et qui en se libérant a un peu libéré l'homme, c'est leur fonction. Celle-ci n'est plus déguisée par la téatralité morale des vieux meubles, elle s'est séparée du rite et des convenances de toute une idéologie qui faisaient de l'ambiance le miroir obscur d'une structure humaine rabaissée au niveau de l'objet. Actuellement les objets évoquent clairement ce à quoi ils servent. Ils sont donc libres comme objets de fonction, c'est à dire qu'ils ont la liberté de fonctionner, et n'en ont pratiquement pas d'autre. Les rayons de lumière pouvant s'infiltrer à travers l'épais rideau que constitue cet article devraient tracer pour le dessinateur une ligne de travail où la révision des points de vue et la réstructuration des fonctions symboliques et rituelles seraient la tâche principale, même si ces fonctions symboliques se situent au niveau personnel et individuel. C'est certainement maintenant que les mots de Jarry prennet toute leur ampleur: "...parce que l'intérêt, l'attention et l'éros déchainé peuvent trouver le chemin du savoir de chaque objet...". C'est à dire, nous avons besoin d'un "design" plus AFFECTUEUX.

Pere Riera, architecte

Bibliographie:
Cirlot, Juan Eduardo, *El mundo del objeto*
Watts, Alan, *Does it matter*
Barthes, Roland, *Mythologie*
Baudrillard, Jean, *Le système des objets*

Habitaciones, para dormir, grandes   **Grandes chambres à coucher**   **Big bedrooms**

N. Cinnamond - J. I. Ruiz-Muñoz
Arquitectos

En un gran espacio de una vivienda antigua se ha colocado el dormitorio, de líneas y elementos muy sencillos, y donde lo más importante es la arquitectura envolvente, que se ha respetado en su totalidad.

This bedroom is a large room in an old house. It has very simple lines and objects. The most important aspect is the fact that the original architecture has been left intact.

Dans un grand espace d'une vieille maison on a placé la chambre: lignes sobres, eléments simples où le plus important est l'architecture environante qui a été respectée dans sa totalité.

Pep Bonet - C. Cirici, Studio PER
Arquitectos

Es interesante destacar de este dormitorio la calidad de los muebles que lo componen y que están producidos en serie. Existen en el mercado más elementos de esta colección que permiten otras combinaciones de las que quedan reflejadas en estas fotografías, aunque la base es siempre la misma; los elementos varían de medidas.

Vilassar de Mar (Barcelona), 1975

It is interesting to notice the quality of the furniture in this bedroom; it is all mass produced. There are other pieces of the same design on the market which allow for other combinations not shown in the photos. The basic style is the same, though the pieces are of different sizes.

Il est intéressant de remarquer dans cette chambre la qualité des meubles qui la composent, et de savoir qu'ils sont fabriqués en série. Il existe sur le marché d'autres éléments de cette collection qui permettent d'autres combinaisons que celle que l'on peut observer sur les photos, mais la base est toujours la même; la dimension des éléments varie.

P. García de Paredes
Arquitecto

Al ser una habitación
muy amplia, se ha podido
incorporar un cuerpo que
contiene por un lado
armarios y por el otro los
lavabos, señalando además
el paso al baño. La cama
forma parte de un mueble
frontal con armarios,
cajones, estanterías,
etc., de madera oscura.
Para las puertas de los
armarios se han utilizado
las de un armario antiguo,
que se combinan
perfectamente.

Since it is such a big room, a large unit has been installed which includes closet space on one side and the wash basins on the other. It also marks the way to the bathroom. The bed is part of a large piece of furniture containg closet space, drawers, shelves, etc., all in dark wood. The doors of the wardrobes were taken from an old wardrobe and match the rest perfectly.

Comme la chambre est très grande on a pu inclure un corps contenant d'un côté des armoires et de l'autre des lavabo, marquant ainsi le passage à la salle de bain.
Le lit fait partie d'un meuble frontal comprenant armoires, tiroirs, étagères, etc., en bois sombre. On a utilisé pour les portes des armoires celles d'une vieille armoire qui se marient très bien avec le reste.

B. Hohenlohe
Interiorista

Este dormitorio es de gran amplitud; con su magnífica orientación se consigue que el espacio tenga una gran luminosidad.
A pesar de su gran tamaño se han colocado muy pocos muebles, todos ellos de estilos dispares; la unidad se ha conseguido usando la misma tela para revestir las paredes y realizar las cortinas.

This bedroom is very large and very well lighted. In spite of its great size there are very few pieces of furniture. They are all of different styles. Unity is achieved by using the same fabric to cover the walls as the curtains are made of.

Cette chambre est très grande; son excellente orientation donne à l'espace une grande luminosité.
Malgré son ampleur, on y a placé peu de meubles, tous de styles divers. On a obtenu l'unité en revêtant les murs du même tissu que celui des doubles rideaux.

Adalberto Dal Lago
Arquitecto

El dormitorio y el baño comparten el mismo espacio. La alfombra es igual en todo el piso, ya sea la zona de aseo o la zona de dormir, que está delimitada por un elemento que enmarca el televisor. Un mueble grande con cajones acabado en la parte superior con mármol blanco, lleva encajado el lavabo y termina con la cabina de ducha que tiene paredes de vidrio en la parte superior. Detrás de la cabina de ducha, la bañera y el bidet están disimulados en la parte no transparente. El mueble blanco, que contiene el televisor y una pequeña heladera, está apoyado sobre la misma plataforma en la que se apoya la cama; el otro elemento con cajones sirve de sostén al escritorio-toilette.

The bedroom and bathroom share the same space. The carpeting is the same in the whole apartment, in both the bathroom area and the sleeping area, which is marked off by the television cabinet. The wash basin is built into a large cabinet with drawers and a white marble top. The shower stall is at the end of the cabinet. The upper part has glass walls. The bath and bidet are hidden behind the shower. The white

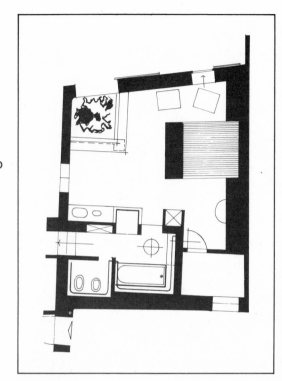

cabinet for the television and a small refrigerator rest on the same platform as the bed. The other set of drawers serves as a support for the desk and toilet

La chambre et la salle de bain se partagent le même espace. Le tapis est le même dans tout l'appartement aussi bien dans le coin toilette que dans le coin chambre qui est délimité par un élément qui encadre le poste de télévision. Le lavabo est encastré dans un grande meuble avec des tiroirs, terminé dans sa partie supérieure par du marbre blanc au bout duquel se trouve la cabine de douche qui a des parois de verre dans sa partie supérieure. Derrière la cabine de douche, la baignoire et le bidet sont dissimulés dans la partie non transparente. Le meuble blanc, qui renferme la télévision et un petit refrigérateur, repose sur la même plate-forme que le lit; l'autre élément à tiroirs sert d'appui au secrétaire-poudreuse.

111

Evarist Mora
Interiorista

Espacialmente este ejemplo corresponde al típico dormitorio-alcoba, dos ambientes separados más o menos, en este caso el elemento diferenciador es un arco de estilo barroco que es parte importante en el conjunto.
Las paredes están revestidas con tela y es la misma que se ha usado para las cortinas. Destaca la cama con cabezal de madera pintada. El cuarto de baño está totalmente tratado con mármol.

Spacially this example corresponds to the typical bedroom-alcove. The two areas are more or less separated, in this case by a Baroque style arch which is an important part of the overall design.
The walls are covered with the same fabric the curtains are made of. Notice the bed with a painted wooden headboard. The whole bathroom is finished in marble.

Cet exemple correspond spacialement au type chambre-alcove, deux ambiances plus ou moins séparées; dans ce cas, l'élément qui les différencie est un arc de style barroque, ayant une place importante dans l'ensemble.
Les murs sont tapissés du même tissu que celui utilisé pour les doubles rideaux. Remarquons la tête de lit en bois peint. La salle de bain est totalement recouverte de marbre.

L. Clotet - O. Tusquets
Arquitectos

Un gran espacio se ha destinado a dormitorio, vestidor y baño; cada función puede quedar separada mediante unas puertas correderas. La zona de dormir es de gran sobriedad: muebles de madera oscura de líneas rectas, una cama y un espejo; la cortina está colocada de forma que crea volumen al no seguir la línea de fachada, sino que es precisamente la inversa de aquélla.

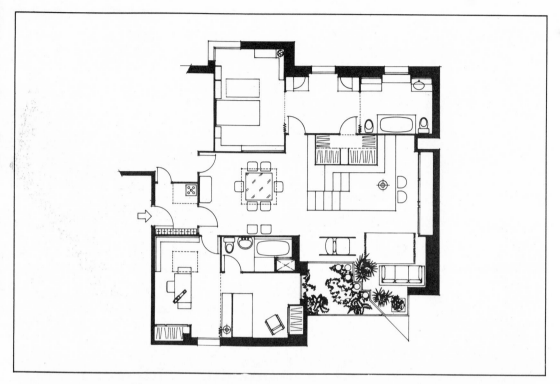

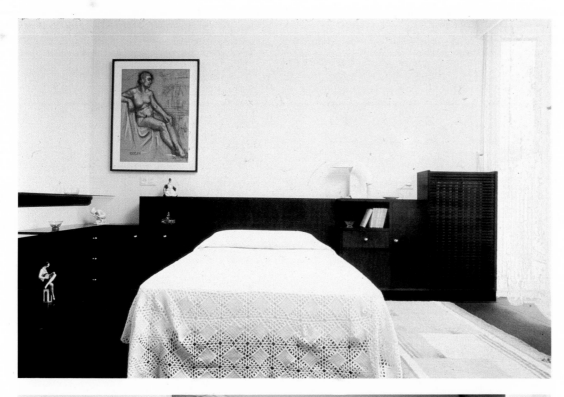

A large room used for a bedroom, bathroom and dressing room. Each part can be separated with sliding doors. The bedroom area is very sober in design. The furniture, bed and mirror are of dark wood with simple, straight lines. The curtain seems to increase the volume of the room, not following the line of the wall.

Un grand espace a été réservé pour la chambre, la cabine d'habillement et la salle de bain. Chaque fonction peut être séparée au moyen de portes coulissantes. La partie chambre est de grande sobriété; meubles de bois sombre aux lignes droites, un lit et un miroir; les rideaux sont placés de façon à créer un volume; ils ne suivent pas la ligne de la façade, mais au contraire la ligne inverse.

Elias Torres - J. A. Martínez
Arquitectos

Un espacio de dimensiones bastante grandes se ha destinado a dormitorio, baño y vestidor.
El dormitorio se desarrolla siguiendo un eje diagonal que en el otro extremo se convierte en un patio-jardinera; en uno de los lados del eje aparece la zona de baño, que como se aprecia en las fotografías y en el dibujo de la planta es de dimensiones bastante especiales.
El lucernario que ilumina el dormitorio es un cajón de luz que se prolonga por los laterales de la cama comunicando visualmente este espacio con la sala de estar.

Ibiza, 1974

A large room has been made
into a bedroom, bathroom
and dressing room.
The bedroom is developed
along the diagonal axis
that turns into a garden
patio at the other end.
The bathroom area is on
one side of the axis. As
the photos and sketch
show, the floor plan is a
rather special.
The lighting for this room
is a light box along the
sides of the bed and
visually connects this
area with the living room.

On a destiné un espace
aux dimensions assez
grandes, pour la chambre,
la salle de bain et
cabine d'habillement. La
chambre se déploie sur
un axe diagonal qui à son
autre extrémité se
convertit en courette-jardin;
sur l'un des côtés de
l'axe apparaît le coin
salle de bain, qui comme
on peut voir sur les photos
et sur le plan, a des
dimensions assez spéciales.
La source lumineuse de
la chambre court de chaque
côté du lit.
Cet espace lumineux est
visible de la salle de
séjour.

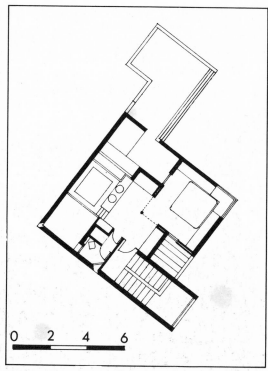

0   2   4   6

118

Barcelona, 1974

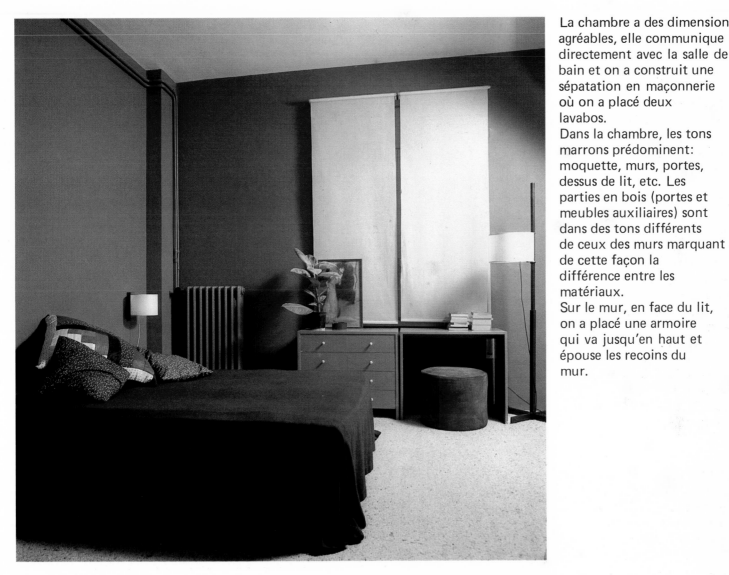

La chambre a des dimensions agréables, elle communique directement avec la salle de bain et on a construit une sépatation en maçonnerie où on a placé deux lavabos.

Dans la chambre, les tons marrons prédominent: moquette, murs, portes, dessus de lit, etc. Les parties en bois (portes et meubles auxiliaires) sont dans des tons différents de ceux des murs marquant de cette façon la différence entre les matériaux.

Sur le mur, en face du lit, on a placé une armoire qui va jusqu'en haut et épouse les recoins du mur.

Joaquím Prats
Interiorista

En una vivienda de la zona alta de Barcelona se han reformado los interiores, la planta alta se ha destinado a salón, dormitorios y baño. El dormitorio principal está contiguo a la sala de estar, y comunicado con ésta por el paso y a través de una celosía de madera.

En toda esta zona el criterio de tratamiento de las paredes es el mismo: dos "cajas" una tapizada de moqueta (suelo y parte baja de pared) contiene los muebles, la otra está pintada de color rojo (techo y parte alta de las paredes); una franja horizontal contiene las aberturas y une las dos partes.

A house in upper Barcelona has been remodeled.

The upstairs is used for a hall, bedrooms and bathroom. The main bedroom is connected to the living room with a passageway and a wooden lattice.

The walls are all treated the same in this area. They are like two boxes, one on top of the other. The lower part is the floor and the lower half of the walls, containing the furniture and carpeted.

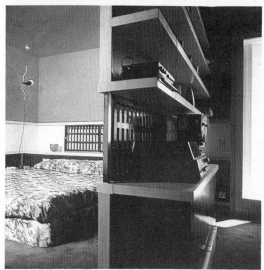

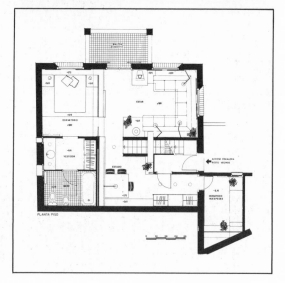

The upper part, ceiling and upper half of the walls, is painted red. A horizontal strip connects the two and goes around all the openings.

Dans une maison d'habitation de la partie haute de Barcelone, on a modifié l'intérieur par des travaux de maçonnerie. L'étage supérieur est reservé au salon, aux chambres et à la salle de bain. La chambre principale est contigüe à la salle de séjour avec laquelle elle communique par une jalousie en bois. Dans toute cette zone les murs sont traités selon le même critère: deux "boites" l'une recouverte de moquette (sol et partie basse des murs) contient les meubles, l'autre peinte en rouge (plafond et partie haute des murs) une bande horizontale contient les ouvertures et unit les deux parties.

F. González Robles

Interiorista

Este dormitorio es de dimensiones bastante amplias; las paredes están tapizadas con ''antelina'' azul marino que juega con el color de la moqueta de dibujo geométrico.
Se ha buscado una unidad de composición ambiental usando la misma tela para todo: cubrecama, cortinas y chaise longue, y usando perfiles metálicos en mesas, estanterías y remates del cabezal del lecho.
En otro dormitorio de la misma vivienda el criterio ambiental es el mismo: máxima unidad entre los materiales usados para la decoración.

This bedroom is quite large. The walls are covered with navy blue fabric that matches the carpet. The carpet has a geometric design.
Unity is created by using the same fabric everywhere— in the bedspreads, curtains and chaise longue — and metal strips on the table, shelves and head of the bed.
In the other bedroom the same criterion is used, a maximum of unity in the materials used for decoration.

Cette chambre a de grandes dimensions. Les murs sont recouverts de suedine bleu marine qui fait jeu avec la couleur de la moquette aux dessins géométriques. On a recherché une unité de composition d'ambiance et l'on a pour cela utilisé le même tissu pour tout: couvre lit, double rideaux et chaise longue; de même on a employé des angles métaliques pour les tables, les étagères et les bords du bois de la tête de lit. Dans une autre chambre de la même maison d'habitation le critère d'ambiance est le même: grande unité entre les matériaux utilisés pour la décoration.

Gabriel Mora - C. Hernández Cros
Arquitecto   Colaborador

Estos dos dormitorios
corresponden a la misma
vivienda unifamiliar y
están elaborados con el
mismo criterio con la
única diferencia de
la desigualdad en la
planta.
La intención era que el
dormitorio se pudiese
usar como pequeña sala
de estar, los ocupantes
de estas habitaciones son
gente joven.
Los muebles son todos
ellos realizados con
laminado plástico y
tiradores metálicos.
En uno de los dormitorios
se ha colocado también
una pequeña mesa de
trabajo.

Both of these bedrooms
are in the same house.
They are finished in the
same style. The only
difference is the floor
plan.
The young people who
live here wanted to be
able to make these
bedrooms double as
living rooms.
The furniture is all
finished with plastic
lamina and metal handles.
There is also a small
work table in one of the
bedrooms.

Ces deux chambres
appartiennent à la même
maison d'habitation occupée
par une seule famille;
elles sont élaborées
selon le même critère,
avec pour seule différence
la dénivellation à
l'étage.
L'intention était que la
chambre puisse servir de
petite salle de séjour,
les occupants de ces
chambres sont des jeunes.
Les meubles sont tous
recouverts de plaques en
plastique, les poignées
sont métalliques. Dans
l'une des chambres on a
plaçé une petite table de
travail.

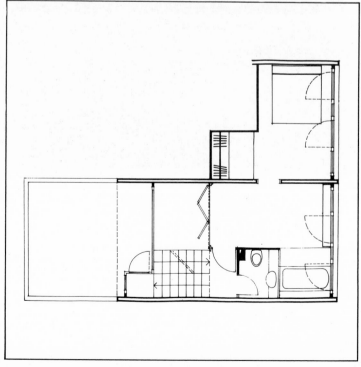

Sant Cugat del Vallés (Barcelona), 1975

El espacio destinado a dormitorio tiene la planta en forma de "L"; en uno de los brazos se ha colocado la cama, en el otro un gran armario. El dormitorio comunica con otro espacio donde el elemento importante es la bañera que por la forma que se ha colocado crea a su frente un espacio de características especiales.

This is a L-shaped bedroom with the bed in one part and a wardrobe in the other. It communicates with the bathroom where the position of the bath creates a rather special area in front of it.

L'espace destiné à la chambre occupe l'étage en forme de L; l'un des bras abrite le lit, l'autre une grande armoire. La chambre communique avec un autre espace où l'élément le plus important est la baignoire, qui crée en face d'elle, de la façon dont elle a été placée, un espace aux caractéristiques spéciales.

Lluís Clotet
Arquitecto

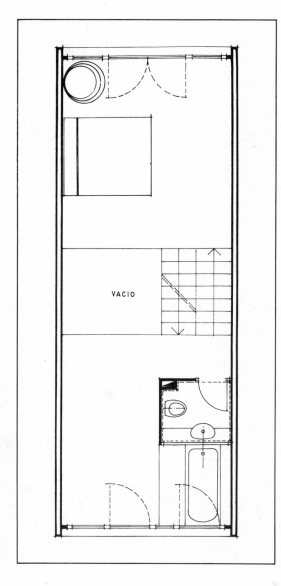

Unidos por la escalera de acceso, se van sucediendo los espacios abiertos y comunicados visualmente entre sí. Cada uno de ellos tiene su función: estar, comedor, dormitorio, estudio, etc. El dormitorio contiene solamente los elementos imprescindibles: una cama, una luz, una silla y una mesa.

A series of open spaces are connected by a stairway. Each space has its own function, living room, dining room, bedroom, study, etc. The bedroom contains only the necessary items —bed, light, chair and table.

Unis par l'escalier d'accès, les espaces ouverts se succèdent et communiquent visuellement entre eux. Chacun de ces espaces a une fonction, salle de séjour, salle à manger, chambre, studio, etc.
La chambre ne contient que les éléments indispensables: un lit, une lumière, une chaise et une table.

P. Casals - P. Riera, Estudio Viceversa
Arquitectos

Con este dormitorio se ha conseguido, bajo las influencias de la arquitectura de la Alhambra, crear un ambiente, que si no fuera por los elementos comunes con los dormitorios, sería difícil pensar que uno se halla en un espacio destinado a este uso.
Espejos, árboles, arcos, agua, son elementos principales en este espacio; la moqueta de pelo largo verde acentúa aún más la impresión de encontrarse en un espacio exterior.

The bedroom is inspired in the architecture of the Alhambra. If it were not for the usual bedroom objects, it would be hard to guess one was in a bedroom.
The most important elements here are mirrors trees, arches and water. The thick green carpet increases the impression of being out of doors.

Barcelona, 1974

On a réussi à créer dans cette chambre sous l'influence de l'árchitecture de l'Alhambra, une ambiance qui, si ce n'était les éléments communs aux chambres à coucher, rendrait difficile l'idée qu'on se trouve dans un espace destiné à cet usage.

Des miroirs, des arbres, des arcs, l'eau verte sont les principaux éléments de cet espace; la moquette à poil long donne encore davantage l'impression qu'on se trouve dans un espace extérieur.

S. Mazza - G. Gramigna
Arquitectos

Todas las paredes y el cielorraso están tapizadas con papel estampado. La alfombra es de lana gris y cubre la plataforma en que se encuentra la cama; la cabecera y el estante están empotrados en forma de nicho, que resulta del avance de parte de la pared del fondo; en la parte superior del nicho se encuentra incorporada la iluminación. El cubrecamas es en seda pesada hindú. Las puertas del armario son de espejo gris. Por la izquierda se accede al cuarto de aseo; el plano de apoyo en el que va encajado el lavabo es de cristal en pasta.

The walls and ceiling are papered. The carpet is made of grey wool; it covers the platform that the bed rests on. The head of the bed and a shelf are set in a niche in the wall. The light is in the upper part of the niche. The bedspread is made of heavy Hindu silk. The doors of the closet are grey tinted mirrors. The door on the left leads to the bathroom. The basin is set in a base of glass.

Tous les murs et le plafond sont tapissés de papier peint imprimé. Le tapis en laine grise couvre la plate-forme où repose le lit; la tête du lit et l'étagère sont encastrés comme dans une niche que forme la partie avancée du mur du fond. L'éclairage de la pièce est incorporé dans la partie supérieure de la niche. Le couvre lit est en soie indienne lourde. Les portes de l'armoire sont en glace grise. On accède à la salle de bain par la gauche; le plan d'appui où se trouve encastré le lavabo est en verre.

F. Correa - A. Milá

Arquitectos

En las viviendas de serie
el dormitorio tiene
generalmente pocas
posibilidades debido a la
escasa superficie que
se le destina. Destacamos
la sobriedad en el
acabado de este espacio,
donde, como en el resto
de la vivienda, todo
gira alrededor del color
escogido, que se usa
tanto en paredes como
suelo y tapicería.
Pequeños detalles
rompen con la
monotonía: lámparas,
cojines, etc.

In massed produced
housing bedrooms usually
offer scant possibilities
because they are so small.
Notice the sobriety of
this room where the
dominant theme is the
color that has been
chosen. It is the same
in the walls, floor and
tapestries.
Small details like
lamps, cushions, etc.
keep it from being
monotonous.

Dans les constructions en
série, la chambre présente
en général peu de
posibilités vu le peu de
surface qu'on lui alloue.
Remarquons la sobriété
dans les finitions de cet
espace, où, comme dans le
reste de l'habitation,
tout gravite autor de la
couleur choisie, utilisée
aussi bien sur le sol, et
sur les murs, que pour le
tissu d'ameublement. Des
petits détails rompent la
monotonie: lampes, coussins,
etc.

P. Casariego
Arquitecto

Las dimensiones de este dormitorio son bastante pequeñas, de todas formas se ha conseguido ubicar dos camas de hierro antiguas y un pequeño rincón de lectura con una chimenea.
Desde la habitación se tiene acceso a una terraza de uso exclusivo desde el dormitorio. Esta terraza está muy cuidada y llena de vegetación y da una visión muy refrescante a los ocupantes del dormitorio.

Although it is a small room, it contains two old iron frame beds and a small reading corner with a fireplace. There is access to a terrace which can be reached only from the bedroom. It is full of plants, providing a refreshing view from inside.

Les dimensions de cette chambre sont assez petites, on a cependant réussi à y faire tenir deux lits anciens en fer, et à installer un petit coin de lecture avec une cheminée. La chambre donne sur une terrasse et en constitue le seul accès. Cette terrasse est très bien soignée pleine de végétation et donne une vision rafraîchissante aux occupants de la chambre.

139

N. Cinnamond, Estudio CLC
Arquitecto

Dorria (Gerona), 1975

Estos ejemplos corresponden a todos los dormitorios de un chalet de alta montaña. Por este motivo (temperaturas extremas en invierno) los materiales usados son cálidos y de gran protección térmica.
Las paredes están revestidas con tela. Se ha seguido en todos los dormitorios el mismo criterio decorativo, con pequeñas variantes.
Las habitaciones de los niños tienen dos niveles; el espacio está muy bien aprovechado, creándose una zona de estudio en el altillo. Las dos habitaciones, niños-niñas, se unen por esta parte.

These illustrations are taken from a house high in the mountains. Because of the low temperatures in the winter the materials have been selected for their insulating capacity. The walls are covered with fabric. All the bedrooms have the same sort of decoration with minor variations.
The children's bedrooms are split-level. There is a good use of space; there is a study area in the attic. The two bedrooms, one for the boys, one for the girls, are connected by the attic.

Ces exemples correspondent
à toutes les chambres d'un
chalet de haute montagne
(températures extrêmes
en hiver). Les matériaux
utilisés sont chauds et de
grande protection thermique.
Les murs sont recouverts de
tissu. Le même critère
de décoration a été suivi
dans toutes les chambres
avec de légères variantes.
Les chambres des enfants
sont sur deux niveaux;
l'espace a été utilisé
au maximum, le coin étude
occupe une partie surélevée
et sert d'union entre la
chambre des garçons et la
chambre des filles.

Barcelona, 1973

In this house the only separations between the various common areas are the difference in floor levels. The areas that demand privacy —bathrooms bedroom, etc.— are very small. The bed is found in something like a huge box. The floor is even with the top of the bed. The window is also very low to provide a view from the bed. There is a marvelous view of Barcelona from this house.

Dans cette maison la seule séparation des espaces publiques est la différence de niveaux; Les zones qui requièrent intimité, salles de bains, chambres, etc., ont une surface minime. Comme on peut le voir sur les photos, le lit est situé dans un immense tiroir. Le niveau du sol arrive au niveau du matelas, la fenêtre est basse aussi afin de voir du lit; la vue panoramique de Barcelone est impressionnante de l'endroit où est située cette maison.

Este dormitorio es de mínima superficie y prácticamente sólo podía colocarse una cama. Se ha levantado el nivel del suelo creando una tarima de pared a pared, en la zona del colchón, como cabezal, se construyó una repisa que tiene también las funciones de mesa de noche.

This bedroom is very small and contains little more than the bed. The floor was raised to form a wall-to-wall platform. A shelf against the wall serves as the head of the bed and as a night stand.

Cette chambre est de surface minime et on ne pouvait pratiquement qu'y placer un lit. On a relevé le niveau du sol par une estrade allant d'un mur à l'autre, dans la zone du matelas; comme tête de lit, on a construit un rebord qui remplit aussi les fonctions de table de nuit.

N. Cinnamond - A. Porcel

Arquitecto   Interiorista

La vivienda donde están
situados estos dos
dormitorios está ubicada
en un pequeño pueblo de la
provincia de Tarragona.
Se ha respetado al máximo
la estructura original de
la vivienda; los
dormitorios son espacios
mínimos pero perfectamente
aprovechados. En la
habitación de matrimonio
se ha colocado la cama
adosada a la esquina con
unas repisas de obra que
sirven como mesa de noche
y que está llena de
objetos antiguos.
Se accede directamente
a la zona de aseo.
En la otra habitación
se han construido con
obra unas literas y una
mesa de trabajo. El
aprovechamiento del
espacio es total. La
habitación, ocupada por
una niña, tiene la puerta
con la hoja de vidrio,
para evitar transparencias
se han pintado los vidrios
de forma que se tiene la
sensación de
encontrarse ante una
ventana.

These two bedrooms belong
to a house in a small
village in the province of
Tarragona. The original
structure of the house has
been preserved almost
entirely. The tiny
bedrooms have been planned
so as to obtain maximum
use from them. In the

148

main bedroom the bed is against the wall in one corner. There is a shelf which serves as a night stand and is covered with antique objects. There is direct access to the bathroom.
In the other room there are built-in beds and a work table. Here again they have taken maximum advantage of space. The door of this room, used by a little girl, is made of glass painted to look like a view from a window, thus avoiding transparency.

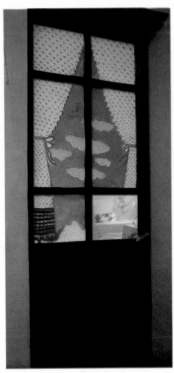

L'habitation où se trouvent ces deux chambres se trouve dans un petit village de la province de Tarragone. On a respecté au maximum la structure originale de la demeure; les chambres sont des espaces réduits dont on a su tirer partie. Dans la chambre double le lit a été placé dans un coin où ont été construits des rebords qui tiennent lieu de table de nuit et sont pleins d'objets anciens. On accède directement à la salle de bain. Dans l'autre chambre on a construit en maçonnerie des lits superposés et une table de travail. L'espace a été utilisé au maximum. La chambre occupée par une petite fille a une porte vitrée; pour éviter la transparence on a peint sur la vitre de façon à donner l'impression qu'on est devant une fenêtre.

Xavier Sust
Arquitecto

El conjunto de esta vivienda unifamiliar lo componen varios bloques de una sola planta que albergan en su interior las distintas funciones que se reunen en una casa: comedor - cocina - estar; dormitorios - baño; zona de estudio - trabajo y garaje.
Las fotografías corresponden al edificio de dormitorios: dos amplias habitaciones con la zona de dormir y una pequeña zona de estar unidas por una gran sala de baño. Estos tres espacios quedan unidos a través de unas grandes cristaleras, a modo de ventanas interiores, que consiguen prolongar visualmente la amplitud del espacio. Desde cada dormitorio se tiene acceso a un baño completo.

This single family dwelling is made up of various simple blocks containing the functions of a normal house —dining room, kitchen and living room; bedrooms and bathroom; study and workroom; and garage.
The photographs show the bedroom building. There are two large rooms with a sleeping area and a small living room area; both are joined by a large bathroom. These three rooms 153

are held together by great panes of glass like interior windows which serve to visually prolong the space. There is a complete bathroom accesible to each of the bedrooms.

Cette habitation pour une seule famille est composée de plusieurs blocs d'un seul étage qui abritent les différentes fontions que l'on trouve dans une maison: salle à manger, cuisine, séjour, chambres, salle de bain, coin travail, coin étude, garage.
Les photos correspondent au bâtiment des chambres: deux grandes chambres avec un coin pour dormir et un coin séjour, réunies par une grande salle de bain. Ces trois espaces sont unis par des grandes vitres, comme des fenêtres intérieures, qui prolongent visuellement la grandeur de l'espace. On a accès de chaque chambre à une salle de bain complète.

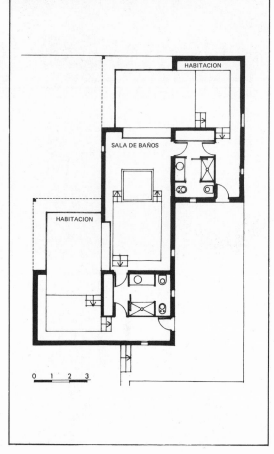

T. Ammannati - G. Vitelli

Arquitectos

Un amplio espacio se ha destinado a sala de estar, que, cuando interesa, se puede convertir en dormitorio. Se han colocado unos planos de apoyo en los laterales del colchón y gran cantidad de almohadones que disimulan la función propia de la cama. El ancho estante que corre a lo largo de toda la pared se convierte en escritorio cuando coincide con la ventana; en el último tramo baja y se convierte en sillón. En el centro de este estar-dormitorio, un grupo de cajoneras dispuestas en cuadrado dejan lugar a un macetero con un pequeño árbol.

Las paredes están revestidas en paño azul en la mitad inferior, la otra mitad y el cielorraso están pintadas de color arena; entre ellas, una franja de madera, laqueada como los zócalos y los estantes en color rojo.

A large room is used for a living room which can also be converted into a bedroom. There are supports around the mattress and the bed can be "disguised" with a lot of big cushions. The wide shelf all along the wall becomes a desk in front of the window and drops to serve as an armchair at

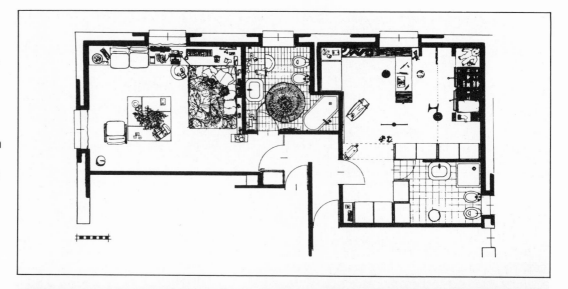

the end. In the middle of the living room-bedroom four sets of drawers form a square with room for a small tree in the center. The lower part of the walls is covered with blue fabric. The upper part and the ceiling are painted a sandy color. Between the walls and ceiling there is a band of wood lacquered in red like the sockets and shelves.

Un grand espace est destiné à la salle de séjour qui quand on en a besoin peut se transformer en chambre à coucher. On a placé des plans d'appui sur les côtés du matelas et une grande quantité de coussins qui dissimulent la fonction première du lit. L'étagère large qui court tout au long du mur, sert d'écritoire devant la fenêtre; dans sa dernière partie, elle s'abaisse et devient fauteuil. Au centre de ce séjour-chambre, un groupe de boites disposées en carré abrite un pot avec un petit arbre. Les murs sont recouverts en drap bleu dans leur partie inférieure, et l'autre partie et le plafond sont peints couleur sable; les deux parties sont séparées par une bande de bois laqué rouge comme les plinthes et les étagères. 157

Franco Mazzuchelli
Arquitecto

En un espacio único se ha delimitado una doble función: estar y dormir. La plataforma sobre la que está apoyada la cama está revestida con moqueta de lana azul y sirve como asiento y como plano de apoyo.

La pared del armario está subdividida en sus espacios internos, según la función a la cual están destinados: música, guardarropa, bar, biblioteca, etc.

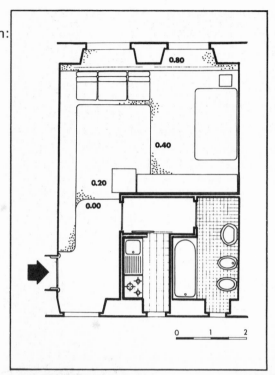

This space serves two functions, living room and bedroom. The platform under the bed is covered with a blue wool carpet and serves both as a place to sit and a base for the bed.
The wall of the closet is subdivided into various sections according to different uses —music wardrobe, bar, library, etc.

Un espace unique délimite une double fonction: séjour et chambre. La plate-forme où repose le lit est recouverte d'une moquette en laine bleue et sert de siège et de plan d'appui.
Le mur de l'armoire est divisé en espaces internes, selon la fonction pour laquelle ils sont destinés: musique, penderie, bar, bibliothèque, etc.

A. Baglioni - L. Moretti
Arquitectos

En un único espacio se han delimitado dos zonas de dormir independientes y una zona de estudio, las separaciones se han hecho con planos verticales a media altura; estos planos son algunas veces simple separación, otras se transforman en armarios. Estos paneles están pintados en un color lila fuerte y la intención es que puedan considerarse más elementos decorativos que paredes.

Two sleeping areas and a study have been defined in a single room. The separations are made with vertical planes half way up. In some cases they are simply dividers, in others they are part of a wardrobe. They are painted bright lavender with the idea that they should serve more as decoration than as walls.

Dans un espace unique on a délimité deux zones pour dormir indépendantes, et un coin travail; les séparations sont faites avec des plans verticaux à mi-hauteur; ces plans sont parfois simple séparation et d'autres fois se transforment en armoires. Ces panneaux sont peints couleur lilas vif, et l'idée est qu'on puisse les considérer davantage comme éléments de décoration que comme murs.

160

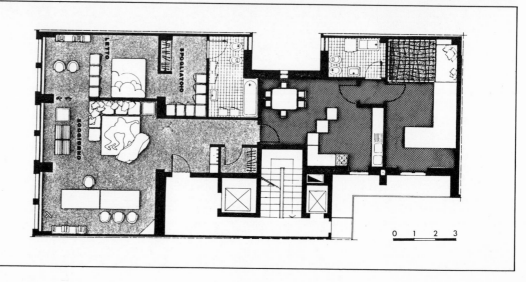

Milano, 1971

Claudio Dini
Arquitecto

Este pequeño departamento de 47 m², es uno de los tantos de un nuevo barrio residencial de las afueras de Milán, y fue decorado como propuesta para los futuros compradores y para el público visitante. El arquitecto se valió, para la decoración de todo el departamento, de un sistema modular. Dado que en el sistema no existían elementos para formar las puertas de los armarios, el proyectista se valió de cortinas normales tipo "venecianas" que también utilizó en las ventanas. El sistema compuesto de tubos y nudos de acero cromado, comprende además elementos de chapa de acero esmaltada que se utilizaron para los estantes y para las puertas pequeñas. El colchón está colocado también encima de este sistema de nudos y está tapizado con lona a rayas.

This tiny apartment (47 m²) is one of many in a new residential area on the outskirts of Milan. It was decorated to be used as a show piece for future buyers and the general public. The decoration of the apartment is based on a modular system. There were no doors for the closets,

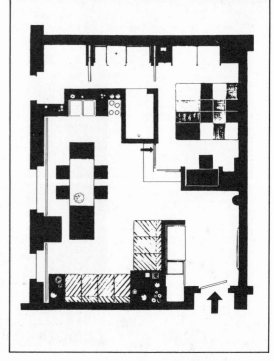

162

so the architect used normal Venetian blinds for doors as well as in the windows. The shelves and small doors are made of a system of pipes and knots of chrome plated steel and enameled plates. The mattress also rests on knots of steel. It is upholstered with striped canvas.

Ce petit studio de 47 m² , est un parmi tant d'autres de ceux que l'on trouve dans les quartiers résidentiels en dehors de Milan. Il a été décoré comme studio type pour être montré aux futurs acheteurs et aux visiteurs. Pour sa décoration, l'architecte a utilisé un système de module. Vu que dans le système il n'existatit pas d'éléments pour former les portes des armoires, le décorateur a employé des rideaux type "vénitien" qu'il a également utilisé pour les fenêtres. Le système composé de tubes et de noeuds en acier chromé comprend en outre des éléments de tôle d'acier émaillée et qui ont aussi été utilisés pour les étagères et les petites portes.
Le matelas est placé aussi sur ce système de noeuds et est recouvert d'une toile à rayures.

163

Elisa Usera «STOP»
Interiorista

Este dormitorio se amplía con una sala de estar de uso exclusivo desde aquél. Los dos espacios están tratados con los mismos materiales, todos ellos de tonos azules. Destacan en el conjunto la gran cantidad de objetos y cuadros colocados sin un orden concreto; se consigue de esta forma, con el colorido de aquéllos, romper el tono suave de paredes y suelo.

There is a private sitting area connected to this bedroom. The two areas are decorated with the same materials, all of which are blue. There is a great number of objects and paintings arranged without a definite order. This helps to break up the soft tones of the walls and floor.

Cette chambre est suivie d'une salle de séjour, et en est l'unique accès. On a utilisé pour les deux espaces le même matériel dans les tons bleus. Il faut remarquer dans cet ensemble la grande quantité d'objets et de tableaux placés sans ordre précis; Leur couleur provoque la rupture avec les tons doux du sol et des murs.

L. Clotet - O. Tusquets, Studio PER
Arquitectos

Un piso antiguo modificado para una forma de vivir diferente. Las tres habitaciones en fachada y la galería se integran en un espacio único para estar, dormir, comer o bañarse. El tratamiento de la pared, las estanterías con luz, los desniveles, pasan de uno a otro espacio sin interrumpir. Los tabiques intermedios son como bambalinas colgadas en medio de una gran habitación. La imagen del proyecto no borra la de la antigua vivienda sino que se superpone a ella.

An old apartment has been remodeled to suit a different life style. The three front rooms and the galery have been combined into one large room for sitting, sleeping, eating and bathing. The walls, shelves and light fixtures and different levels run uninterrupted from one area to another. The dividing walls are like curtains hung in a single large room. The new look does not destroy the integrity of the old building; it is superimposed upon it.

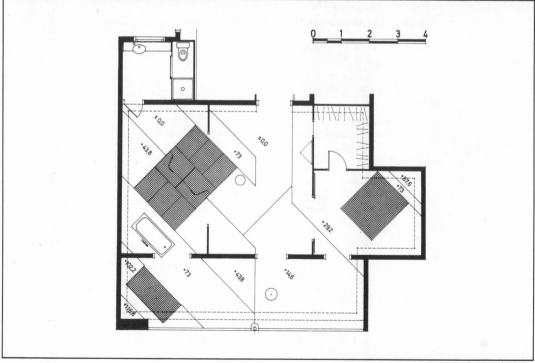

Un vieil appartement modifié pour une manière de vie différente. Les trois pièces qui donnent sur la façade et la galerie se fondent en un espace unique pour se reposer, dormir, manger ou prendre un bain. Le revêtement du mur, les étagères avec éclairage, les différences de niveau passent d'un espace à l'autre sans interruption. Les cloisons intermédiaires sont comme des bandes de toile qui pendent au milieu d'une grande pièce. L'image du projet n'efface pas celle de l'ancienne demeure, mais elle s'y superpose.

Martorell - Bohigas - Mackay, Ll. Pau
Arquitectos   Colaborador

Un único espacio se ha destinado a dormitorio y a pequeña zona de estar-estudio. El tratamiento para la decoración es unitario para toda la habitación. Se ha colocado un arrimadero en la pared y a partir de él se han ido formando todos los elementos: cama, cabezal, mesa de trabajo, estanterías, etc. En la zona de estar, con acceso directo a una pequeña terraza, se ha colocado una chimenea metálica centrada frente la balconera. En el lado del cabezal de la cama contrario a éste, hay un sofá que no se aprecia en las fotografías.

A single space is used for a bedroom and a study-sitting area. The decoration is the same throughout the room. There is wainscotting on the wall which initiates all the other elements: bed, headboard, work table, shelves, etc. In the sitting area, which leads to a small terrace, there is a metal fireplace facing the balcony. Opposite the head of the bed there is a sofa which is not seen in the photographs.

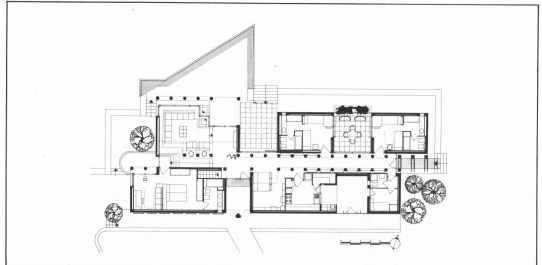

L'unique espace est consacré à la chambre et a une petite zone séjour-bureau. La décoration est unitaire pour toute la pièce. Un rebord a été construit contre le mur et à partir de ce rebord tous les éléments on été organisés: lit, tête de lit, table de travail, étagères. Dans le coin séjour qui donne directement sur une petite terrasse on a placé une cheminée métallique face au balcon. Sur le même coté que la tête de lit, à l'opposé, il y a un canapé qu'on ne voit pas sur la photo.

Francisco Muñoz
Interiorista

Un único espacio se ha destinado a tres funciones: estar, estudio y dormitorio. Los muebles y elementos propios de cada actividad quedan perfectamente claros: no se ha intentado disimular ninguna función. De todas formas los muebles escogidos, la mayoría de ellos antiguos, tienen, cada uno de ellos, personalidad propia. Así podemos ver, por ejemplo las camas con dosel revestido de tela anaranjada; las camas están separadas por una mesa alta que cumple las funciones de mesita de noche.

One room is used for three functions —living room, study and bedroom. It is perfectly clear which furniture and objects are used for each function. No attempt has been made to disguise their use. All of the pieces, many of which are antiques, have their own personality. For example, we see the beds covered with orange colored canopies. They are separated by a high table that serves as a night stand.

L'unique espace remplit trois fonctions: séjour, bureau et chambre. Les meubles et éléments spécifiques à chaque activité sont parfaitement clairs. On n'a pas essayé de dissimuler l'une ou l'autre des fonctions. Tous les meubles qui ont été choisis sont pour la plupart anciens, chacun ayant sa propre personnalité. Nous pouvons voir par exemple les lits dont le ciel est recouvert de toile orangée; les lits sont séparés par une table haute qui sert de table de nuit.

Franco Mazzuchelli

Arquitecto

La diferenciación en dos sectores es evidente, no sólo porque los espacios destinados a cada uno de ellos son equivalentes, sino también por el desnivel del piso que los separa. Un estante ancho en forma de "L" determina la zona de la entrada, pensada como zona de múltiples funciones: estudio, estar, lectura, maquillaje, etc., aislándola del resto donde se encuentran solamente la cama y una estantería baja. El estante ancho está chapado con laminado plástico y debajo de él encuentran sitio dos cajoneras sueltas de madera pintada a la anilina blanca. Las paredes están revestidas en hule blanco y están definidas en lo alto con una ancha faja de hule rojo. En la pared, un panel de metal pintado al fuego permite fijar con imanes: recortes, fotografías, carteles, etc.

There is an obvious division into two areas because of the equal amounts of space in either section and also because of the difference in floor level. An L-shaped shelf marks the entrance area which has several uses —study, living room, reading, make-up, etc. It is distinct from the other area which contains only a bed and a low set

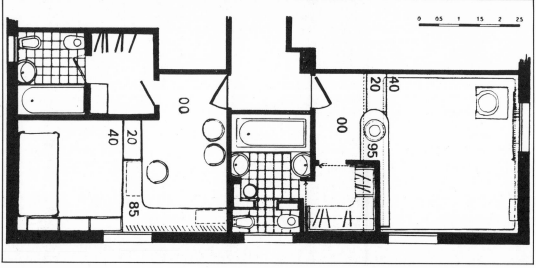

of shelves. The wide shelf is covered with laminated plastic and below it there are two separate sets of wooden drawers painted anilin white. The walls are covered with white oilcloth and the upper part is bordered with a wide strip of red oilcloth. There is a metal sheet on the wall to which clippings, photos, posters, etc. can be attached with magnets.

La différenciation en deux secteurs est évidente, non seulement parce que les espaces destinés à chacun d'eux sont équivalents mais aussi à cause de la dénivellation qui les sépare. Une étagère en forme de "L" détermine la zone d'entrée, conçue comme zone à fonctions multiples: étude, séjour, lecture, maquillage, etc., et la sépare du reste où on ne trouve que le lit et une étagère basse. L'étagère large est recouverte par une feuille de plastique; on trouve en dessous deux boites peintes en blanc. Les murs sont tendus de toile cirée blanche et bordés en haut par une large bande de toile cirée rouge. Sur le mur, un panneau de métal peint au feu permet de fixer avec des aimants coupures de journaux, photos, affiches, etc.

Claudio Dini
Arquitecto

Propuesta para una comunidad imaginaria de cinco jóvenes estudiantes. El tema fue propuesto por una revista de decoración y fue desarrollado sobre la planta de un departamento existente. El espacio fotografiado corresponde a la zona de estar-dormitorio. Las plataformas mullidas, tapizadas en cordero azul, están a diferentes niveles y pivotando en un eje transforman el estar en dormitorio, definiendo cinco células de dormir independientes. Cada box-dormitorio está definido también en la cabecera por un armario continuo que divide las zonas entrada-estar o comedor-estar, y por una serie de armarios-columna en los que se utilizan las puertas abiertas como puertas de los box. Debajo de los escalones-sillón, están las camas preparadas para dormir. Los muebles y las partes fijas en madera están revestidas en laminado plástico blanco. Las paredes están tapizadas en moqueta sintética color azul violáceo. El piso está revestido en moqueta color tabaco.

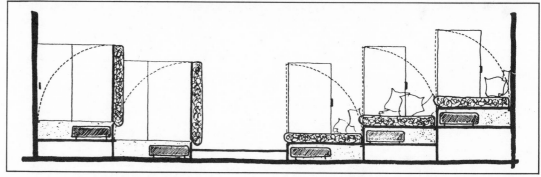

A decoration magazine proposed this imaginary apartment for five students. It was developed in an apartment already built. The photograph shows the living room-bedroom area. The blue and white padded platforms are on different levels and corresponde to a central axis. They transform the living room into a bedroom with five separate sleeping cells. Each "bedroom box" is set off at the head by a continous closet that divides the entrance-living room from the dining room-living room. There is also a series of column-like wardrobes whose doors also serve as doors to the "boxes". The beds are below the step-armchairs. The furniture and woodwork are finished with white laminated plastic. The walls are covered with violet blue synthetic carpet. The floor has a tobacco colored carpet.

Proposition pour une communauté imaginaire de cinq étudiants. Le sujet a été proposé à une revue de décoration et a été exécuté dans un studio déja existant. L'espace photographié correspond à la zone séjour-chambre.
Les plates-formes moelleuses, tapissées en peau de mouton et en bleu, sont situées à des niveaux différents, et, pivotant sur un axe transforment le séjour en chambre, et forment cinq cellules pour dormir indépendantes. Chaque box-chambre est défini aussi par une très longue armoire à la tête du lit qui divisent les zones entrée-séjour ou salle à manger-séjour, et par une série d'armoires-colonne dont les portes quand elles sont ouvertes servent de portes aux boxes. Sous les marches-fauteuils, se trouvent les lits, préparés pour dormir. Les meubles et les parties fixes en bois sont recouverts de feuilles de plastique blanc. Les murs sont revêtus de moquette synthétique bleu-violet. Il y a par terre une moquette couleur tabac.

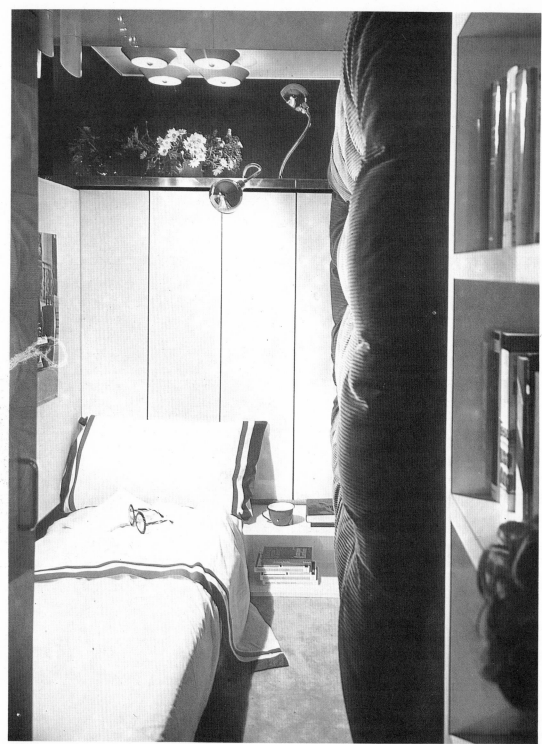